Impressum
Verlag: BABADADA GmbH, Nedderfeld 112 , 22529 Hamburg
Geschäftsführer / Verlagsleitung: Harald Hof
Druck: Books on Demand GmbH, In de Tarpen 42, 22848 Norderstedt

Imprint
Publisher: BABADADA GmbH, Nedderfeld 112 , 22529 Hamburg, Germany
Managing Director / Publishing direction: Harald Hof
Print: Books on Demand GmbH, In de Tarpen 42, 22848 Norderstedt, Germany

mokykla
школа

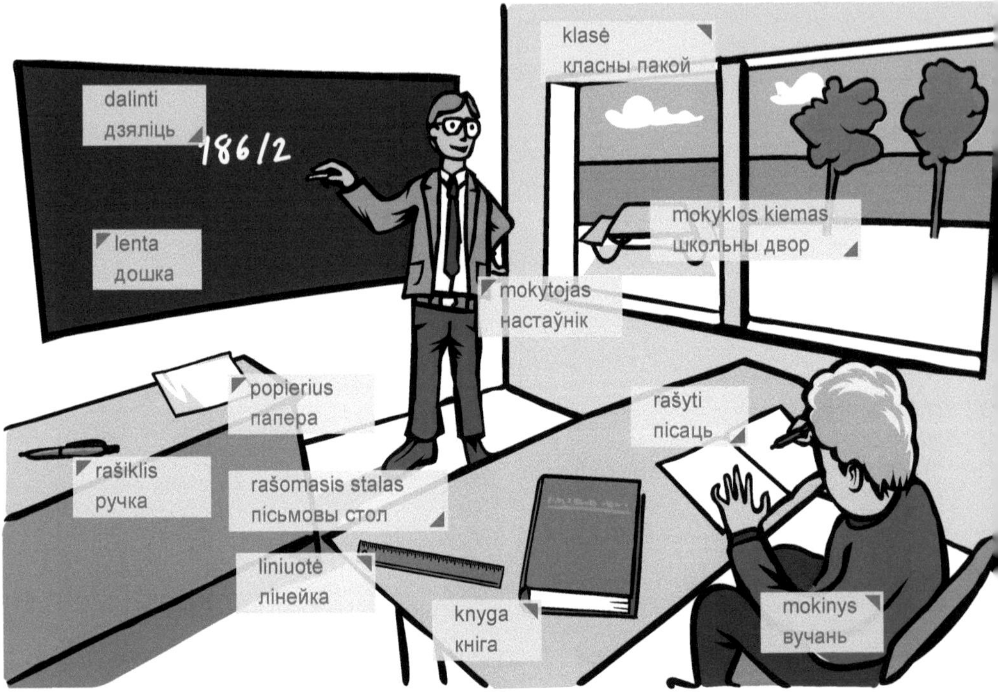

klasė
класны пакой
dalinti
дзяліць
186/2
lenta
дошка
mokyklos kiemas
школьны двор
mokytojas
настаўнік
popierius
папера
rašyti
пісаць
rašiklis
ручка
rašomasis stalas
пісьмовы стол
liniuotė
лінейка
knyga
кніга
mokinys
вучань

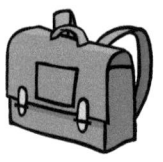

kuprinė
ранец

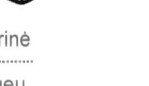

penalas
пенал

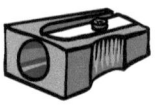

pieštukas
просты аловак

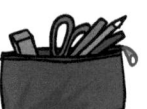

drožtukas
тачылка для алоўкаў

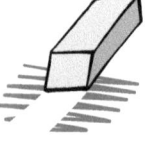

trintukas
гумка

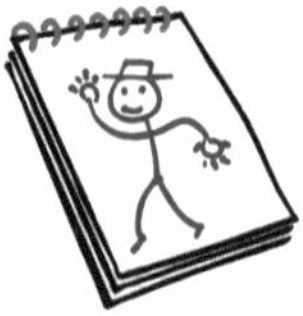

piešimo bloknotas
альбом для малявання

piešinys
....
малюнак

teptukas
....
пэндзлік

dažų dėžutė
....
фарбы

žirklės
....
нажніцы

klijai
....
клей

vadovėlis
....
сшытак

namų darbai
....
хатняе заданне

numeris
....
лік

2+2

pridėti
....
дадаваць

atimti
....
адымаць

dauginti
....
множыць

skaičiuoti
....
лічыць

A

raidė
....
літара

ABCDEFG
HIJKLMN
OPQRSTU
VWXYZ

abėcėlė
....
алфавіт

žodis
....
слова

tekstas

тэкст

skaityti

чытаць

kreida

крэйда

pamoka

ўрок

dienynas

класны журнал

egzaminas

экзамен

pažymėjimas

атэстат

mokyklinė uniforma

школьная форма

išsilavinimas

адукацыя

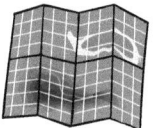

enciklopedija

энцыклапедыя

universitetas

універсітэт

mikroskopas

мікраскоп

žemėlapis

карта

šiukšliadėžė

смеццевы кошык

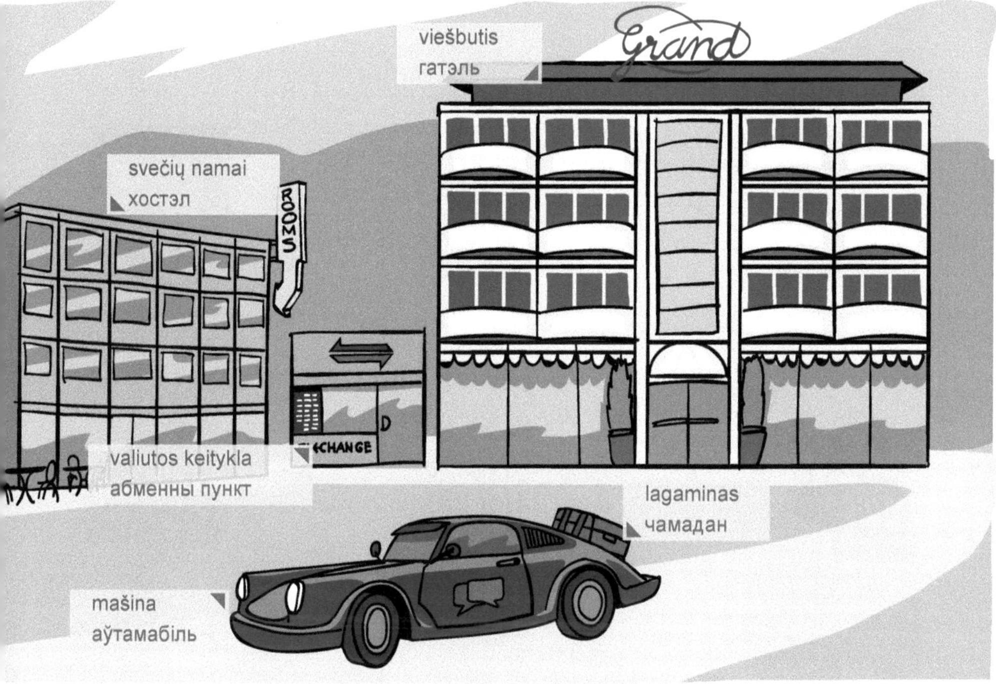

viešbutis
гатэль
Grand
svečių namai
хостэл
ROOMS
valiutos keitykla
абменны пункт
EXCHANGE
lagaminas
чамадан
mašina
аўтамабіль

kalba

мова

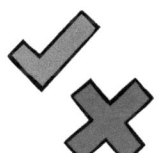

taip / ne

так / не

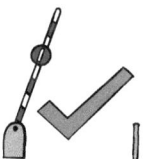

Gerai

добра

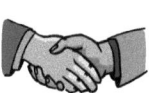

sveiki

прывітанне!

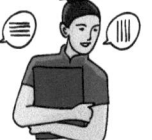

vertėjas raštu

перекладчык

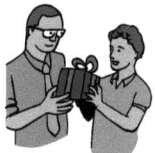

Ačiū

дзякуй

kiek kainuoja...?

Колькі каштуе....?

aš nesuprantu

я не разумею

problema

праблема

Labas vakaras!

Добры вечар!

Labas rytas!

Добрай раніцы!

Labos nakties!

Дабранач!

viso gero

да пабачэння

kryptis

кірунак

bagažas

багаж

krepšys

сумка

kuprinė

заплечнік

svečias

госць

kambarys

пакой

miegmaišis

спальны мяшок

palapinė

палатка

turizmo informacija

фармацыя для турыстаў

paplūdimys

пляж

kreditinė kortelė

крэдытная картка

pusryčiai

снеданне

pietūs

абед

vakarienė

вячэра

bilietas

праязны білет

liftas

ліфт

pašto ženklas

паштовая марка

siena

мяжа

muitinė

мытня

ambasada

пасольства

viza

віза

pasas

пашпарт

transportas

транспарт

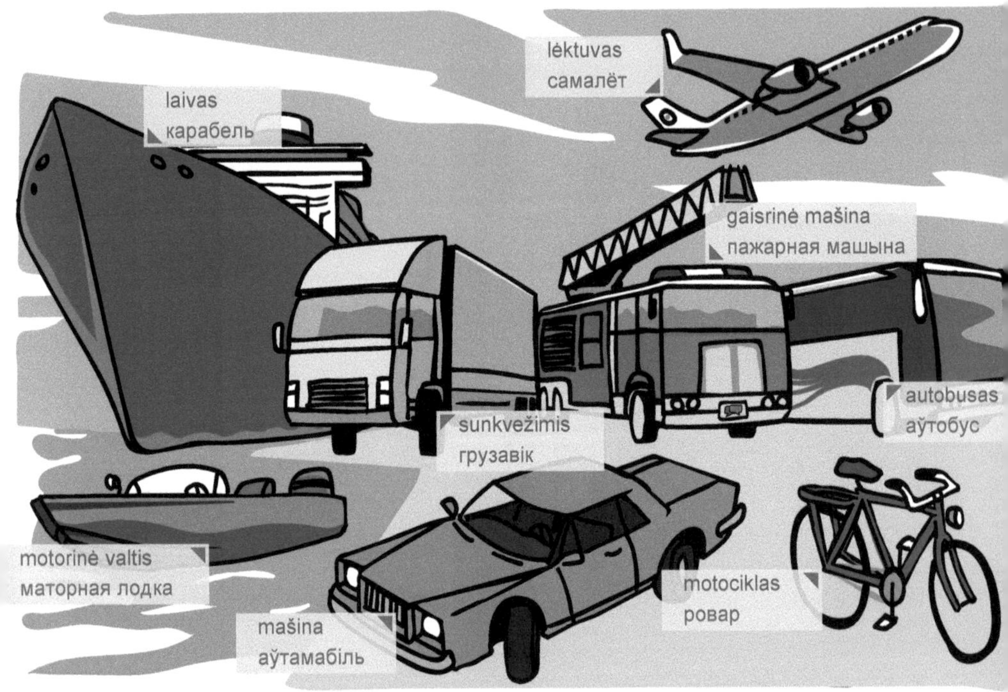

lėktuvas
самалёт
laivas
карабель
gaisrinė mašina
пажарная машына
autobusas
аўтобус
sunkvežimis
грузавік
motorinė valtis
маторная лодка
motociklas
ровар
mašina
аўтамабіль

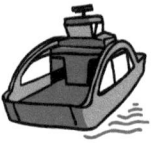

keltas

паром

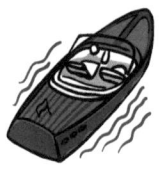

valtis

лодка

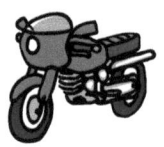

mopedas

матацыкл

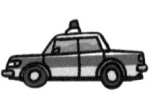

policijos automobilis

паліцэйская машына

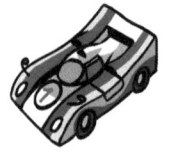

lenktyninis automobilis

гоначны аўтамабіль

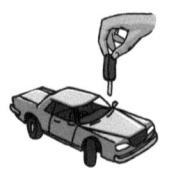

nuomojamas automobilis

арэндаваны аўтамабіль

bendras automobilio
naudojimas
....
сумеснае карыстанне
аўтамабілем

techninės pagalbos
automobilis
....
эвакуатар

šiukšliavežė
....
смеццявоз

variklis
....
матор

degalai
....
паліва

degalinė
....
запраўка

kelio ženklas
....
дарожны знак

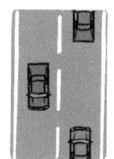

eismas
....
дарожны рух

eismo spūstis
....
затор

mašinų stovėjimo aikštelė
....
паркоўка

traukinių stotis
....
чыгуначная станцыя

bėgiai
....
рэйкі

traukinys
....
цягнік

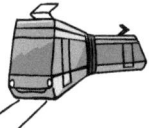

tramvajus
....
трамвай

vagonas
....
вагон

sraigtasparnis

вертал**ё**т

oro uostas

аэрапорт

bokštas

вежа

keleivis

пасажыр

konteineris

кантэйнер

dėžė

кардонная скрыня

vežimėlis

тачка

krepšys

карзіна

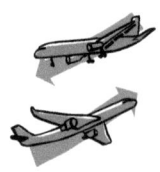

pakilti / nusileisti

ўзлятаць / прызямляцца

miestas

горад

kaimas

вёска

miesto centras

цэнтр горада

namas

дом

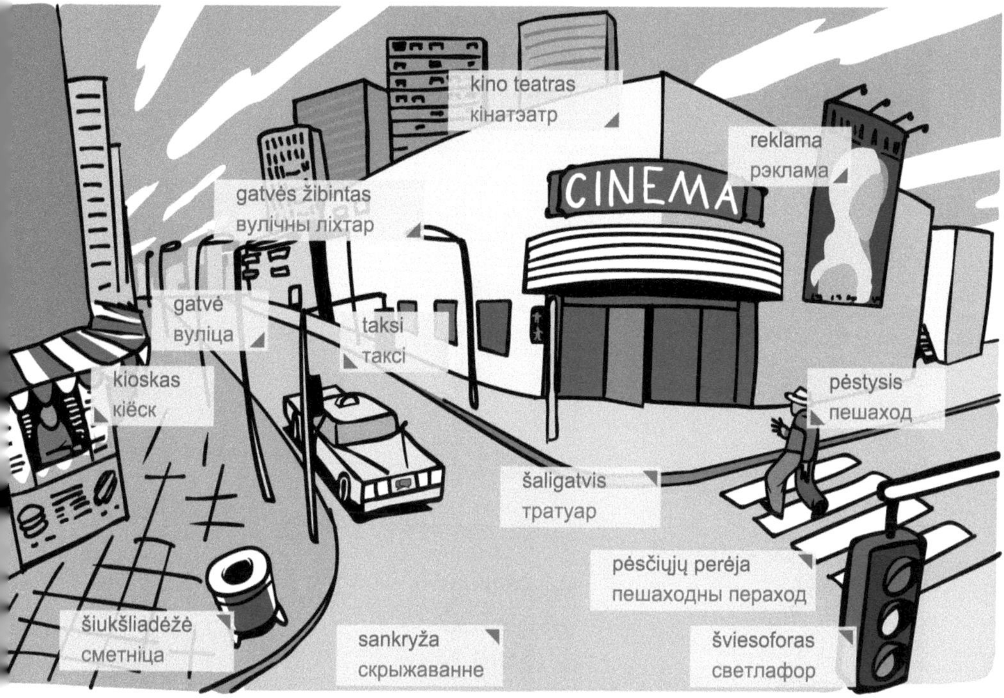

kino teatras
кінатэатр
reklama
рэклама
CINEMA
gatvės žibintas
вулічны ліхтар
gatvė
вуліца
taksi
таксі
kioskas
кіёск
pėstysis
пешаход
šaligatvis
тратуар
pėsčiųjų perėja
пешаходны пераход
šiukšliadėžė
сметніца
sankryža
скрыжаванне
šviesoforas
светлафор

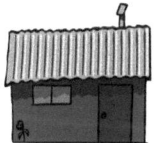

trobelė

халупа

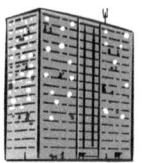

butas

кватэра

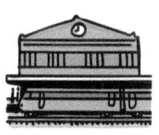

traukinių stotis

чыгуначная станцыя

rotušė

ратуша

MUSEUM

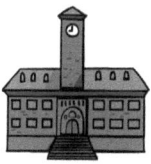

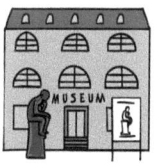

muziejus

музей

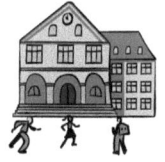

mokykla

школа

universitetas

універсітэт

bankas

банк

ligoninė

шпіталь

viešbutis

гатэль

vaistinė

аптэка

biuras

офіс

knygynas

кнігарня

parduotuvė

крама

gėlių parduotuvė

кветкавая крама

prekybos centras

супермаркет

turgus

кірмаш

universalinė parduotuvė

універмаг

žuvies parduotuvė

рыбная крама

prekybos centras

гандлевы цэнтр

uostas

порт

parkas

парк

suoliukas

лава

tiltas

мост

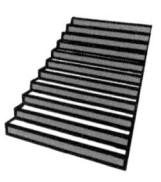

laiptai

лесвіца

metro

метро

tunelis

тунэль

autobusų stotelė

прыпынак

baras

бар

restoranas

рэстаран

lauko pašto dėžutė

паштовая скрыня

kelio ženklas

вулічны паказальнік

parkomatas

паркамат

zoologijos sodas

заапарк

baseinas

басейн

mečetė

мячэць

ūkininko ūkis

сядзіба

tarša

забруджванне
навакольнага асяроддзя

kapinės

могілкі

bažnyčia

царква

žaidimų aikštelė

пляцоўка для гульні

šventykla

храм

kraštovaizdis

краявід

lapas
ліст

kelio rodyklė
паказальнік

kelias
дарога

pieva
луг

aktuo
камень

ėjikas
падарожнік

medis
дрэва

upė
рака

žolė
трава

gėlė
кветка

slėnis

даліна

kalva

гара

ežeras

возера

miškas

лес

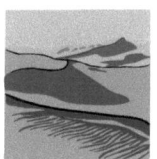

dykuma

пустыня

ugnikalnis

вулкан

pilis

замак

vaivorykštė

вясёлка

grybas

грыб

palmė

пальма

uodas

камар

musė

муха

skruzdėlė

мурашка

bitė

пчала

voras

павук

vabalas
жук

varlė
жаба

voverė
вавёрка

ežys
вожык

kiškis
заяц

pelėda
сава

paukštis
птушка

gulbė
лебедзь

šernas
дзік

elnias
алень

briedis
лось

užtvanka
плаціна

vėjo jėgainė
вятрак

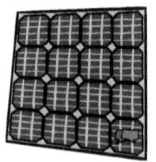

saulės baterija
сонечная батарэя

klimatas
клімат

kraštovaizdis - краявід

restoranas
рэстаран

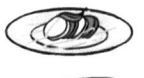

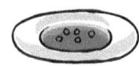

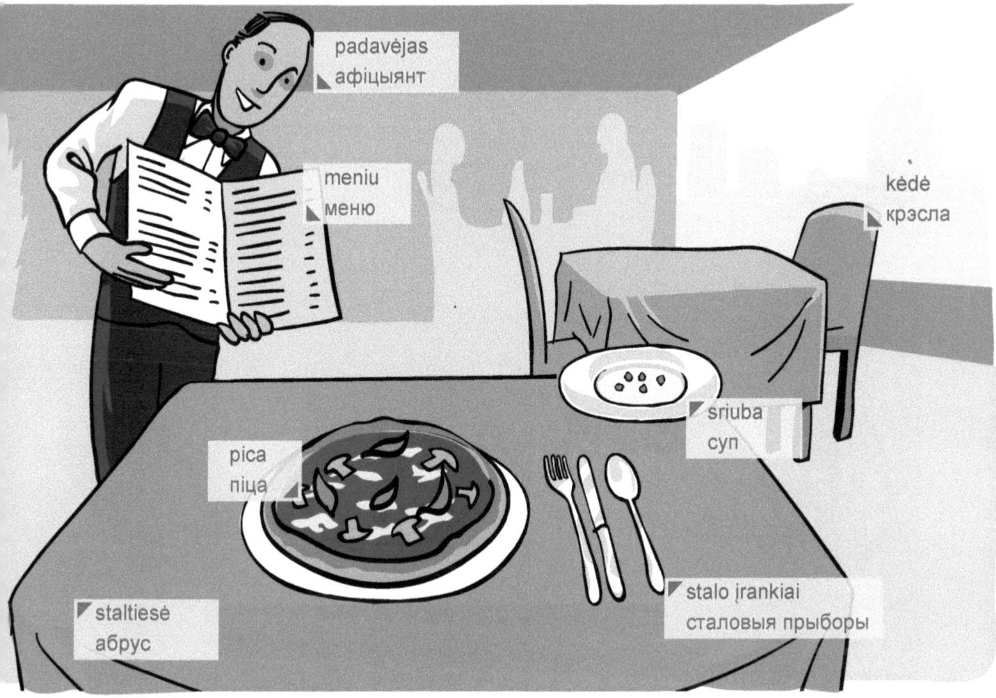
padavėjas
афіцыянт
meniu
меню
kėdė
крэсла
sriuba
суп
pica
піца
stalo įrankiai
сталовыя прыборы
staltiesė
абрус

užkandis

закуска

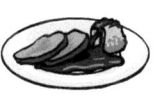

pagrindinis patiekalas

другая страва

desertas

дэсерт

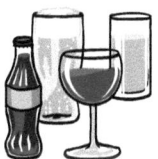

gėrimai

напоі

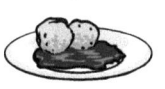

maistas

ежа

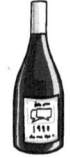

butelis

бутэлька

greitai pateikiamas maistas
....
хуткае харчаванне (фаст-фуд)

gatvės maistas
....
стрыт-фуд

arbatinukas
....
імбрык (чайнік)

cukrinė
....
цукарніца

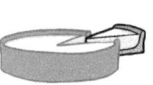

porcija
....
порцыя

espreso aparatas
....
эспрэса-машына

aukšta kėdė
....
дзіцячае крэселка

sąskaita
....
рахунак

padėklas
....
паднос

peilis
....
нож

šakutė
....
відэлец

šaukštas
....
лыжка

arbatinis šaukštelis
....
чайная лыжка

servetėlė
....
сурвэтка

stiklinė
....
шклянка

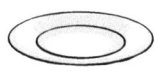

lėkštė

талерка

sriubos lėkštė

супавая талерка

padėklas

сподак

padažas

соус

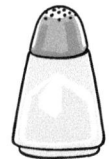

druskinė

сальніца

pipirų malūnėlis

млынок для перцу

actas

воцат

aliejus

алей

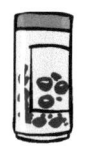

prieskoniai

спецыі

kečupas

кетчуп

garstyčios

гарчыца

majonezas

маянэз

prekybos centras

супермаркет

specialus pasiūlymas
акцыя
FOR
pirkėjas
пакупнік
pieno produktai
малочныя прадукты
vaisiai
садавіна
troleibusas
вазок

BUTCHERS

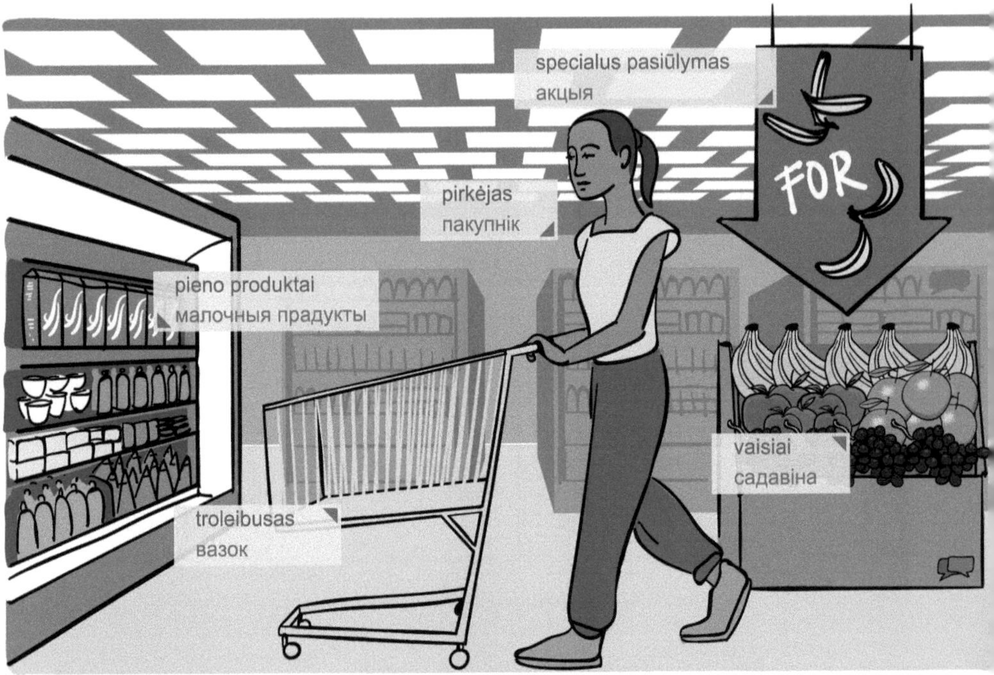

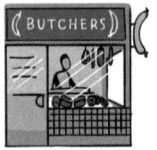

mėsos parduotuvė

мясная крама

BAKERY

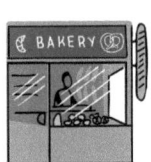

kepykla

хлебны магазін

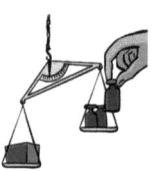

sverti

важыць

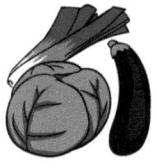

daržovės

гародніна

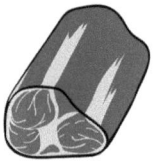

mėsa

мяса

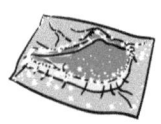

šaldytas maistas

свежазамарожаныя прадукты

šalti mėsos užkandžiai

нарэзка

konservai

кансервы

skalbimo milteliai

пральны парашок

saldumynai

прысмакі

ūkinės prekės

хатнія прылады

valymo priemonės

чысцячы сродак

pardavėja

прадавец

kasos aparatas

каса

kasininkas

касір

pirkinių sąrašas

спіс пакупак

darbo valandos

гадзіны працы

piniginė

бумажнік

kreditinė kortelė

крэдытная картка

maišelis

сумка

plastikinis maišelis

пакет

vanduo

вада

sultys

сок

pienas

малако

kola

кола

vynas

віно

alus

піва

alkoholis

алкаголь

kakava

какава

arbata

гарбата (чай)

kava

кава

espresas

эспрэса

kapučinas

капучына

bananas

банан

obuolys

яблык

apelsinas

апельсін

arbūzas

дыня

citrina

лімон

morka

морква

česnakas

часнок

bambukas

бамбук

svogūnas

цыбуля

grybas

грыб

riešutai

арэхі

makaronai

локшына

spagečiai

спагеці

ryžiai

рыс

salotos

салата

traškučiai

бульба фры

keptos bulvės

смажаная бульба

pica

піца

mėsainis

гамбургер

sumuštinis

бутэрброд

pjausnys

шніцаль

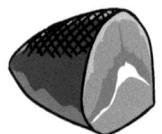

kumpis

вяндліна

saliamis

салямі

dešrelė

каўбаса

vištiena

курыца

kepsnys

смажаніна

žuvis

рыбак

avižų dribsniai

аўсяныя камякі

dribsniai su priedais

мюслі

kukurūzų dribsniai

кукурузныя шматкі

miltai

мука

prancūziškasis ragelis

круасан

bandelė

булачка

duona

хлеб

skrebutis

тост

sausainiai

пячэнне

sviestas

масла

varškė

тварог

tortas

пірог

kiaušinis

яйка

kiaušinienė

яечня

sūris

сыр

ledai

марожанае

cukrus

цукар

medus

мёд

uogienė

варэнне

tepamas šokoladas

нуга

karis

кары

ūkininko ūkis
сядзіба

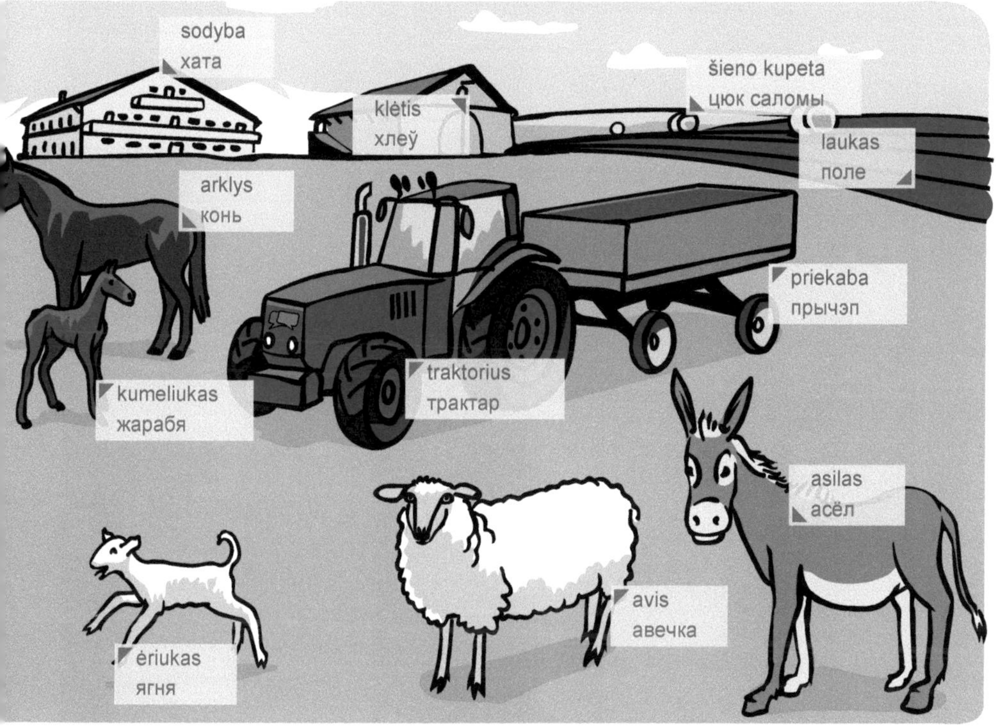
sodyba
хата
klėtis
хлеў
šieno kupeta
цюк саломы
laukas
поле
arklys
конь
priekaba
прычэп
kumeliukas
жарабя
traktorius
трактар
asilas
асёл
avis
авечка
ėriukas
ягня

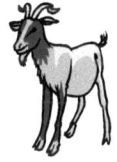

ožys

каза

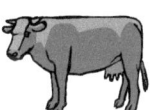

karvė

карова

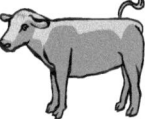

veršis

цяля

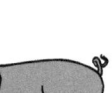

kiaulė

свіння

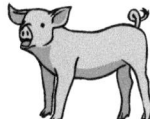

paršelis

парася

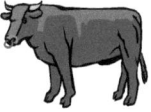

bulius

бык

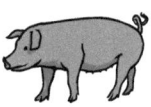

žąsis

гусак

antis

качка

viščiukas

кураня

višta

курыца

gaidys

певень

žiurkė

пацук

katė

кот

pelė

мыш

jautis

вол

šuo

сабака

šuns būda

сабачая будка

sodo namas

садовы шланг

laistytuvas

палівачка

dalgis

каса

plūgas

плуг

pjautuvas

серп

kauptukas

матыка

šakės

вілы для гною

kirvis

сякера

statinė

тачка

lovys

карыта

bidonas

бітон для малака

maišas

мех

tvora

плот

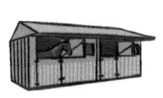

arklidė

хлеў

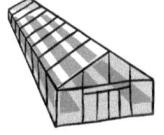

šiltnamis

цяпліца

dirva

глеба

sėkla

насенне

trąšos

угнаенне

kombainas

камбайн

rinkti

збіраць ураджай

derlius

ураджай

saldžiosios bulvės

ямс

kviečiai

пшаніца

soja

соя

bulvė

бульба

kukurūzai

кукуруза

rapsai

рапс

vaismedis

садовае дрэва

manijokas

маніёк

grūdai

збожжа

namas

дом

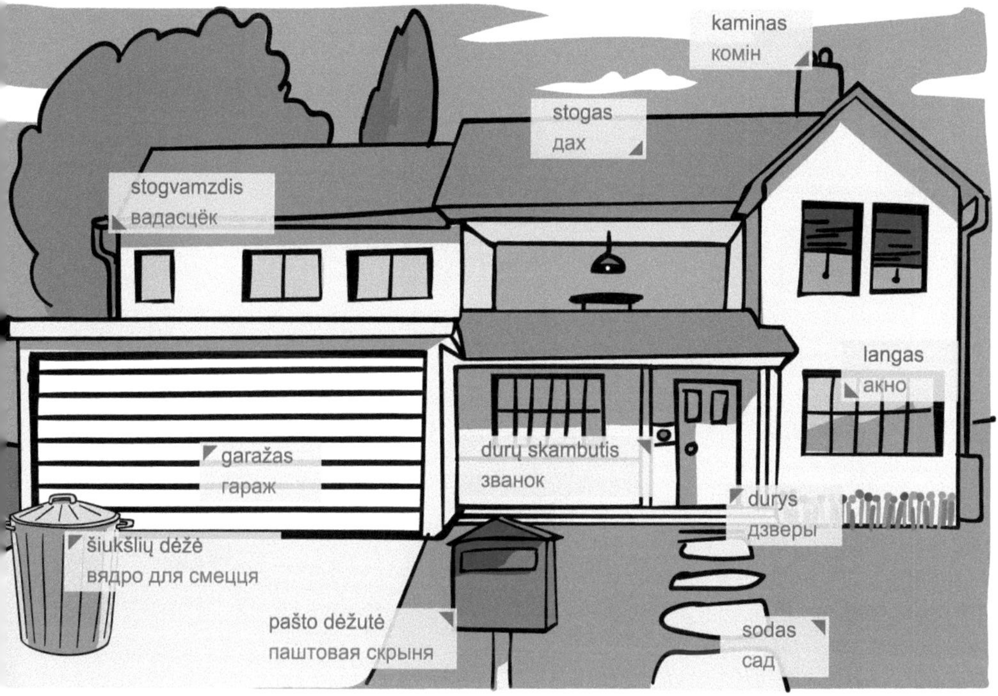
kaminas
комін
stogas
дах
stogvamzdis
вадасцёк
langas
акно
garažas
гараж
durų skambutis
званок
durys
дзверы
šiukšlių dėžė
вядро для смецця
pašto dėžutė
паштовая скрыня
sodas
сад

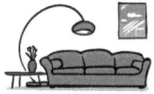

svetainė
....
жылы пакой

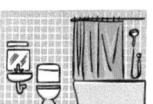

vonios kambarys
....
ванная

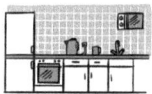

virtuvė
....
кухня

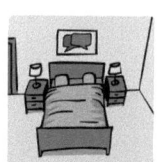

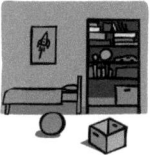

miegamasis
....
спальны пакой

vaiko kambarys
....
дзіцячы пакой

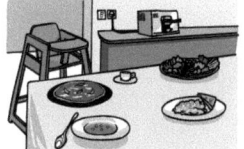

valgomasis
....
сталоўка

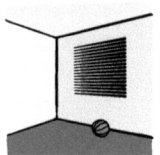

grindys

падлога

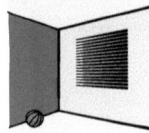

siena

сцяна

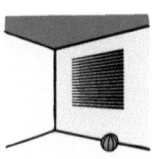

lubos

столь

rūsys

падвал

sauna

саўна

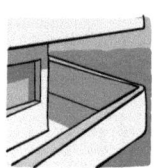

balkonas

балкон

terasa

тэраса

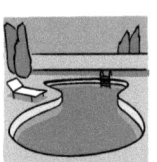

baseinas

басейн

žoliapjovė

касілка

paklodė

падкоўдранік

lovatiesė

коўдра

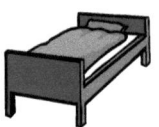

lova

ложак

šluota

венік

kibiras

вядро

jungiklis

выключальнік

tapetai
шпалеры

nuotrauka
малюнак

šviestuvas
лямпа

lentyna
паліца

spintelė
шафa

židinys
камін

televizorius
тэлевізар

gėlė
кветка

pagalvėlė
падушка

vaza
ваза

sofa
канапа

nuotolinio valdymo pultelis
пульт

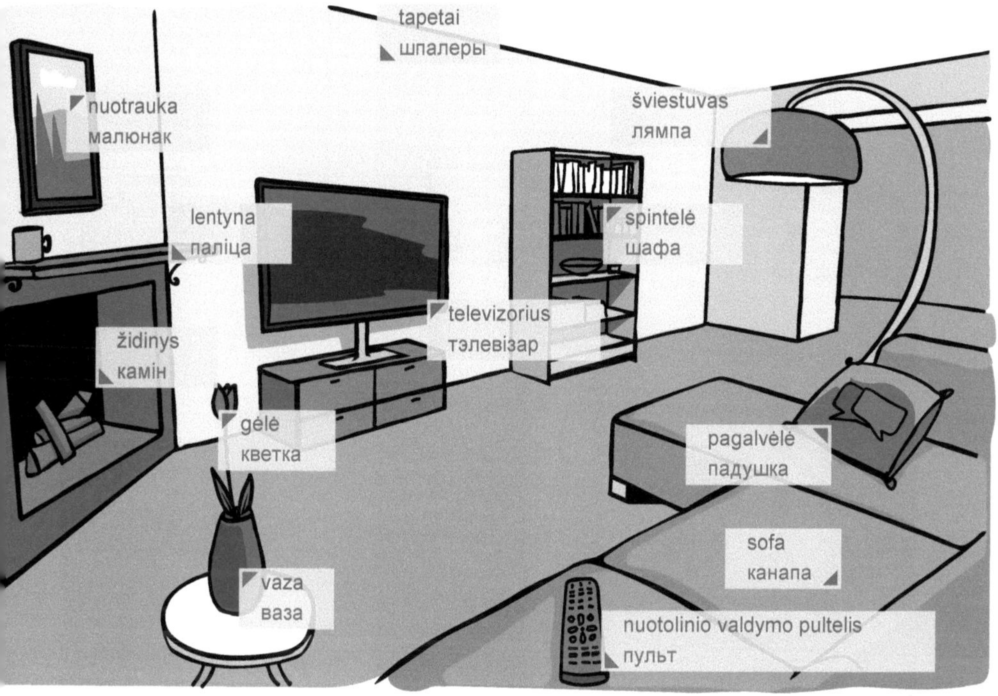

kilimas дыван	užuolaida фіранка	stalas стол

kėdė крэсла	supamasis krėslas крэсла-качалка	fotelis крэсла

knyga

кніга

antklodė

коўдра

papuošimai

дэкарацыя

malkos

дровы

filmas

кіно

stereo aparatūra

стэрэасістэма

raktas

ключ

laikraštis

газета

paveikslas

карціна

plakatas

постар

radijas

радыё

užrašų knygelė

нататнік

dulkių siurblys

пыласос

kaktusas

кактус

žvakė

свечка

virtuvė
кухня

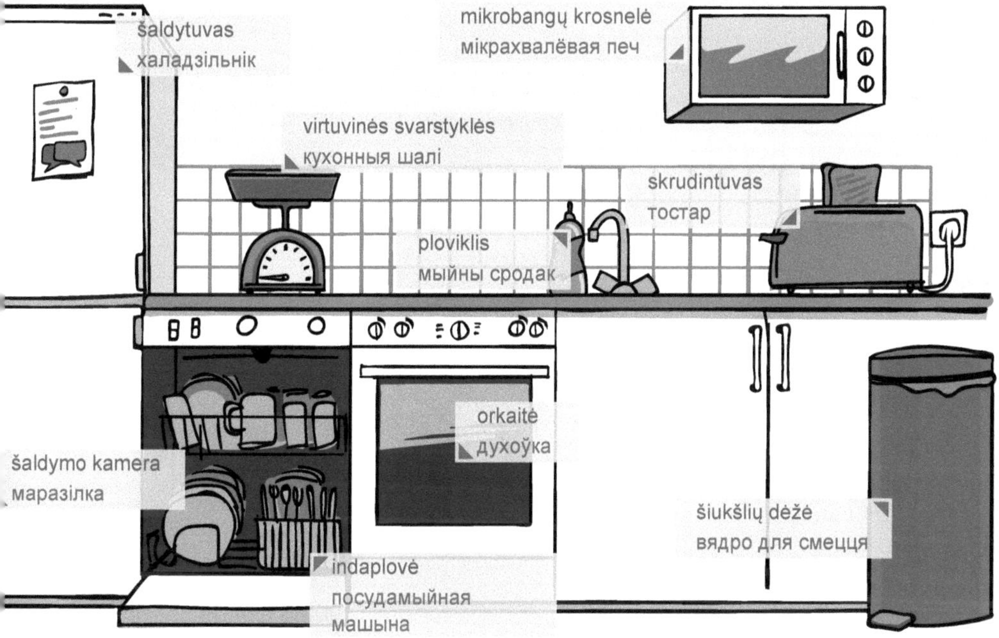
šaldytuvas
халадзільнік
mikrobangų krosnelė
мікрахвалёвая печ
virtuvinės svarstyklės
кухонныя шалі
skrudintuvas
тостар
ploviklis
мыйны сродак
orkaitė
духоўка
šaldymo kamera
маразілка
šiukšlių dėžė
вядро для смецця
indaplovė
посудамыйная
машына

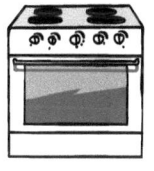

viryklė
....
пліта

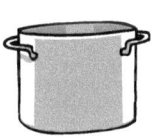

puodas
....
рондаль

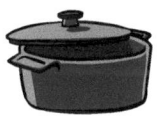

ketaus puodas
....
чыгунок

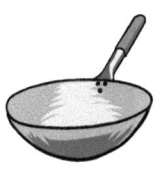

„wok“ keptuvė
....
Вок / кадаі

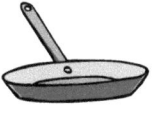

keptuvė
....
патэльня

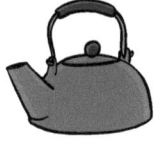

virdulys
....
чайнік

garų puodas

paraварка

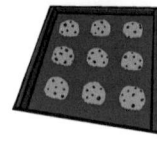

kepimo skarda

бляха

porceliano indai

посуд

puodelis

кубак

dubuo

міска

valgomosios lazdelės

палачкі для ежы

samtis

чарпак

mentelė

лапатачка

plaktuvas

збівалка

koštuvas

сіта для варэння

sietas

сіта

trintuvė

тарка

grūstuvė

ступка

kepsninė

грыль

atvira liepsna

вогнішча

pjaustymo lentelė

дошка

kočėlas

качалка

kamščiatraukis

штопар

skardinė

бляшанка

skardinių atidarytuvas

адкрывалка

puodkėlė

прыхваткі

kriauklė

ракавіна

šepetys

шчотка

kempinė

губка

trintuvas

міксер

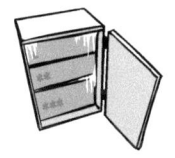

šaldiklis

маразільная камера

kūdikių buteliukas

бутэлечка

čiaupas

вадаправодны кран

vonios kambarys

ванная

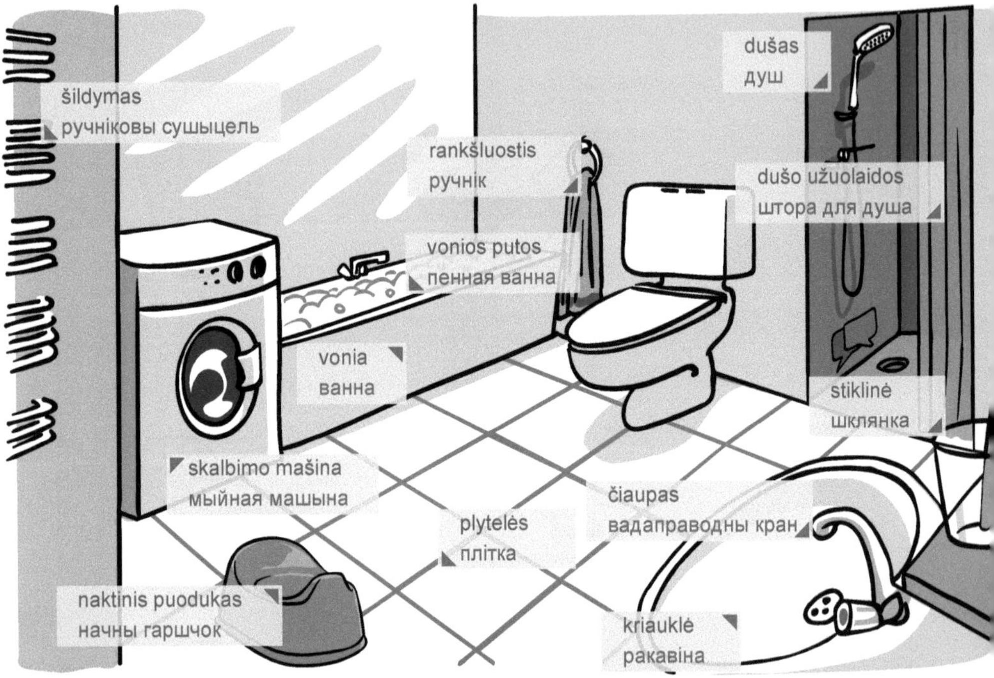

šildymas
ручніковы сушыцель
rankšluostis
ручнік
dušas
душ
dušo užuolaidos
штора для душа
vonios putos
пенная ванна
vonia
ванна
stiklinė
шклянка
skalbimo mašina
мыйная машына
čiaupas
вадаправодны кран
plytelės
плітка
naktinis puodukas
начны гаршчок
kriauklė
ракавіна

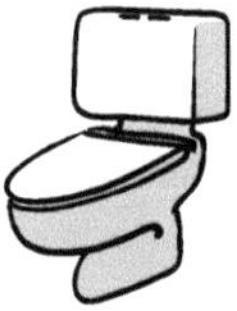

unitazas

туалет

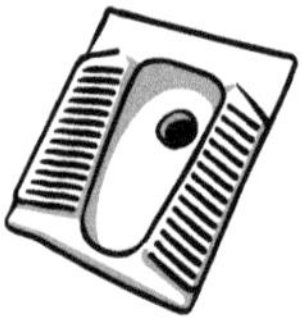

tupimasis unitazas

падлогавы ўнітаз

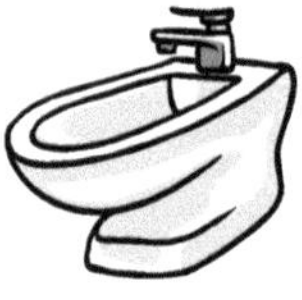

bidė

бідэ

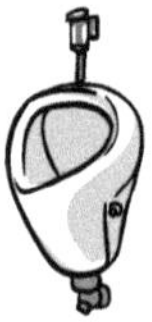

pisuaras

пісуар

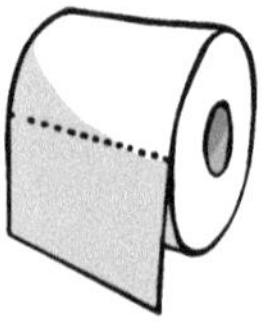

tualetinis popierius

туалетная папера

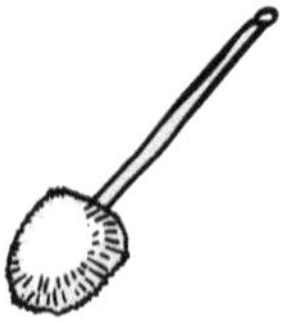

unitazo šepetys

шчотка для чысткі ўнітаза

dantų šepetėlis

зубная шчотка

dantų pasta

зубная паста

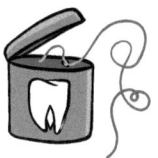

dantų siūlas

зубная нітка

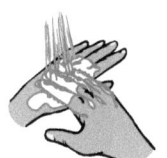

plauti

мыць

dušo galvutė

ручны душ

higieninis dušas

інтымны душ

praustuvas

умывальнік

nugaros plaušinė

шчотка для спіны

muilas

мыла

dušo želė

гель для душа

šampūnas

шампунь

plaušinė

вяхотка

kanalizacija

вадасцёк

kremas

крэм

dezodorantas

дэзадарант

veidrodis

люстэрка

veidrodėlis

касметычнае люстэрка

skustuvas

станок для галення

skutimosi putos

пена для галення

losjonas po skutimosi

ласьён пасля галення

šukos

грэбень

šepetys

шчотка

plaukų džiovintuvas

фен

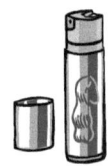

plaukų lakas

лак для валасоў

makiažas

касметыка

lūpdažis

памада

nagų lakas

лак для пазногцяў

vata

вата

žirklutės nagams

манікюрныя нажніцы

kvepalai

духі

maišelis skalbiniams

касметычка

taburetė

табурэтка

svarstyklės

вагі

chalatas

лазневы халат

guminės pirštinės

санітарныя пальчаткі

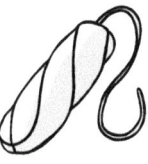

tamponas

тампон

higieninis įklotas

гігіенічныя пракладкі

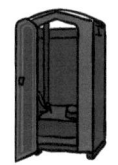

biotualetas

біятуалет

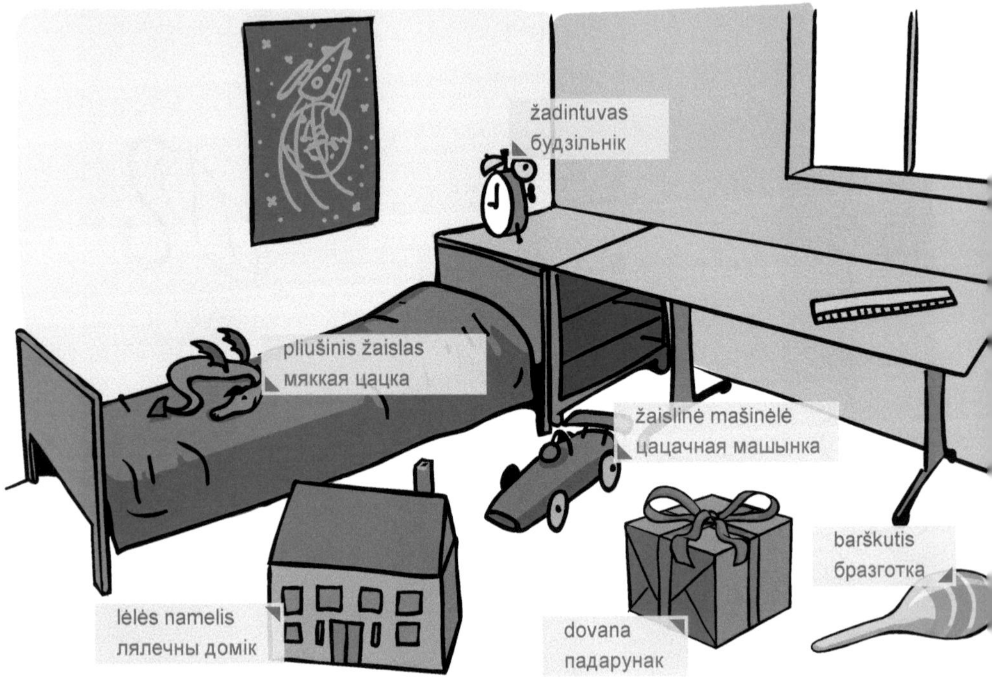

žadintuvas
будзільнік
pliušinis žaislas
мяккая цацка
žaislinė mašinėlė
цацачная машынка
barškutis
бразготка
lėlės namelis
лялечны домік
dovana
падарунак

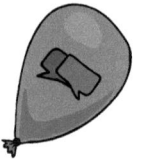

balionas

надзіманы шарык

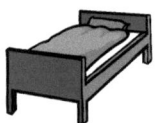

lova

ложак

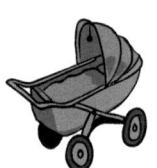

vaikiškas vežimėlis

дзіцячая каляска

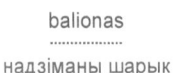

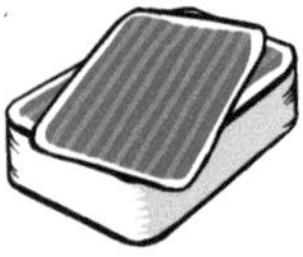

kortų malka

калода картаў

delionė

пазл

SUPER MEGA

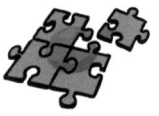

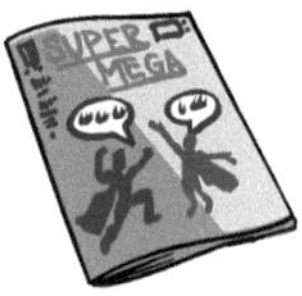

komiksai

комікс

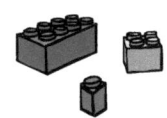

lego kaladėlės

канструктар "Лега"

žaislinės kaladėlės

канструктар

figūrėlė

экшэн-фігурка

šliaužtinukai

дзіцячы гарнітур

mėtymo lėkštė

фрызбі

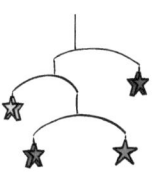

karuselė

дзіцячы мабіль

stalo žaidimas

настольная гульня

kauliukai

кубік

žaislinis traukinys

дзіцячая чыгунка

žindukas

пустышка

vakarėlis

дзіцячае свята

paveiksliukų knygelė

кніга з малюнкамі

kamuolys

мячык

lėlė

лялька

žaisti

гуляцца

smėlio dėžė

пясочніца

sūpynės

арэлі

žaislai

цацкі

žaidimų konsolė

гульнявая відэа прыстаўка

triratukas

трохколавы ровар

meškiukas

плюшавы мішка

drabužių spinta

шафа

drabužis

адзенне

kojinės

шкарпэткі

kojinės virš kelių

панчохі

pėdkelnės

калготкі

šalikas
шалік

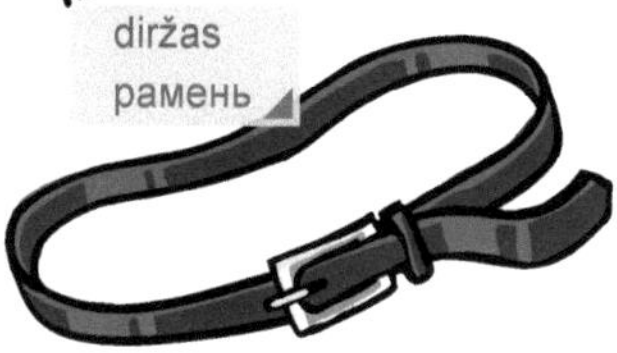

diržas
рамень

skėtis
парасон

marškinėliai
цішотка

sportbačiai
красоўкі

ilgaauliai batai
боты

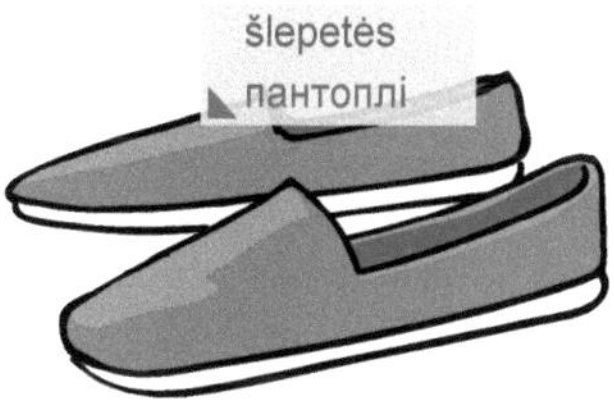

šlepetės
пантоплі

sandalai
················
сандалі

batai
················
абутак

guminiai batai
················
гумовыя боты

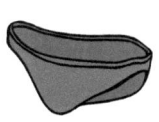

trumpikės
················
трусы

liemenėlė
················
бюстгальтар

liemenė
················
майка

glaustinukė

бодзі

kelnės

штаны

džinsai

джынсы

sijonas

спадніца

palaidinė

блузка

marškiniai

кашуля

megztinis

джэмпер

megztinis su gobtuvu

талстоўка

švarkelis

блэйзер

švarkas

куртка

paltas

паліто

lietpaltis

дажджавік

kostiumas

касцюм

suknelė

сукенка

vestuvinė suknelė

вясельная сукенка

kostiumas

касцюм

naktiniai marškiniai

начная сарочка

pižama

піжама

saris

сары

skarelė

хустка

tiurbanas

цюрбан

burka

паранджа

kaftanas

каптан

abaja

Абая

naudymosi kostiumėlis

купальнік

glaudės

плаўкі

šortai

шорты

sportinis kostiumas

спартыўны касцюм

prijuostė

фартух

pirštinės

пальчаткі

saga

гузік

akiniai

акуляры

apyrankė

бранзалет

vėrinys

каралі

žiedas

кальцо

auskaras

завушніца

kepurė

кепка

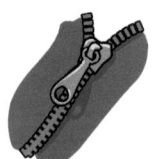

pakabas

вешалка

skrybėlė

капялюш

kaklaraištis

гальштук

užtrauktukas

маланка

šalmas

шлем

breketai

падцяжкі

mokyklinė uniforma

школьная форма

uniforma

уніформа

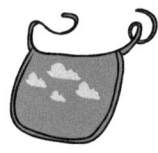

seilinukas

нагруднік

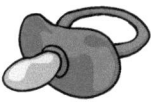

žindukas

пустышка

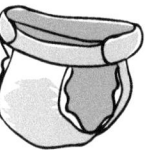

vystyklai

падгузнік

biuras

офіс

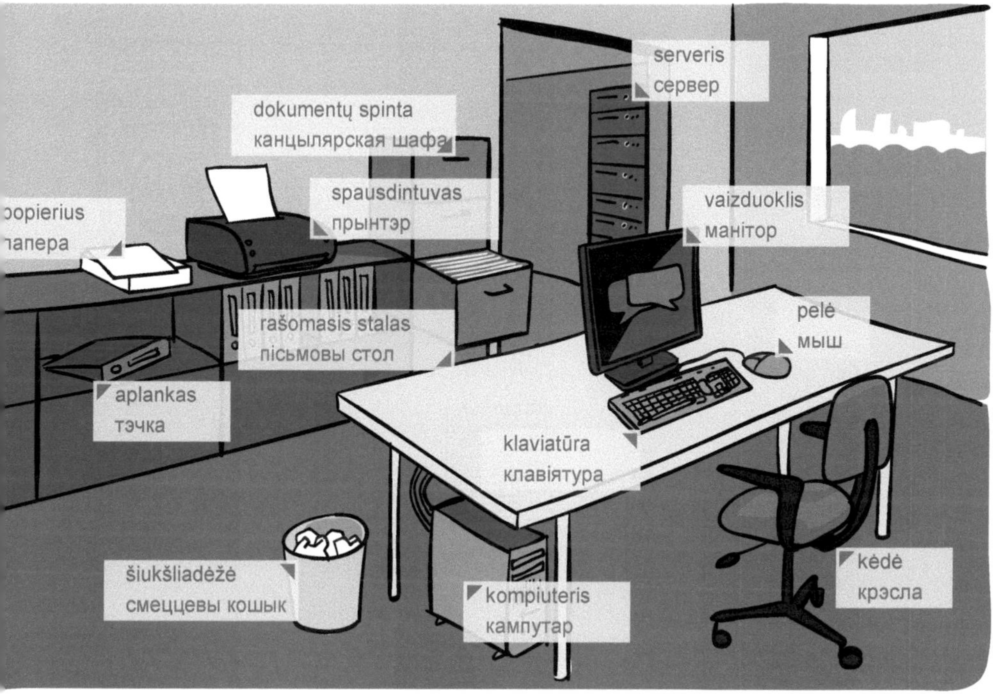

serveris
сервер
dokumentų spinta
канцылярская шафа
spausdintuvas
прынтэр
popierius
папера
vaizduoklis
манітор
rašomasis stalas
пісьмовы стол
pelė
мыш
aplankas
тэчка
klaviatūra
клавіятура
šiukšliadėžė
смеццевы кошык
kompiuteris
кампутар
kėdė
крэсла

kavos puodelis

кубак для кавы (філіжанка)

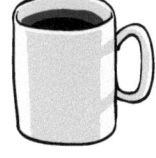

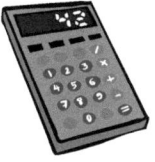

kalkuliatorius

калькулятар

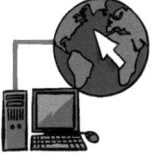

internetas

інтэрнэт

nešiojamasis kompiuteris

ноўтбук

laiškas

ліст

žinutė

паведамленне

mobilusis telefonas

мабільны тэлефон

tinklas

сетка

fotokopijavimo aparatas

ксеракс

programinė įranga

праграмнае забеспячэнне

telefonas

тэлефон

kištukinis lizdas

разетка

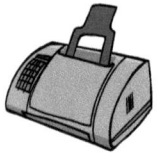

faksas

факс

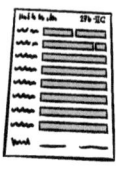

forma

фармуляр

dokumentas

дакумент

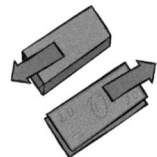

pirkti

купляць

mokėti

плаціць

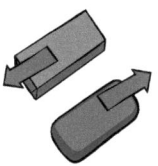

prekiauti

гандляваць

pinigai

грошы

doleris

долар

euras

еўра

jena

ена

rublis

рубель

Šveicarijos frankas

франк

juanis

кітайскі юань

rupija

рупія

bankomatas

банкамат

valiutos keitykla

абменны пункт

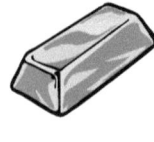

auksas

золата

sidabras

срэбра

nafta

нафта

energija

энергія

kaina

цана

sutartis

кантракт

mokestis

падатак

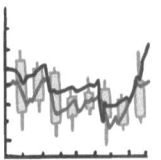

akcijos

акцыя

dirbti

працаваць

darbuotojas

служачы

darbdavys

працадаўца

gamykla

фабрыка

parduotuvė

крама

policininkas
паліцыянт

ugniagesys
пажарны

virėjas
кухар

gydytojas
доктар

lakūnas
пілот

sodininkas
садоўнік

stalius
слесар

siuvėja
швачка

teisėjas
суддзя

chemikas
хімік

aktorius
артыст

autobuso vairuotojas

кіроўца аўтобуса

taksi vairuotojas

таксіст

žvejys

рыбак

valytoja

прыбіральшчыца

stogdengys

страхар

padavėjas

афіцыянт

medžiotojas

паляўнічы

dailininkas

мастак

kepėjas

пекар

elektrikas

электрык

statybininkas

будаўнік

inžinierius

інжынер

mėsininkas

мяснік

santechnikas

сантэхнік

paštininkas

паштальён

kareivis

салдат

architektas

архітэктар

kasininkas

касір

gėlininkas

фларыст

kirpėjas

цырульнік

konduktorius

кандуктар

mechanikas

механік

kapitonas

капітан

odontologas

стаматолаг

mokslininkas

вучоны

rabinas

рабін

imamas

імам

vienuolis

манах

kunigas

святар

įrankiai
інструменты

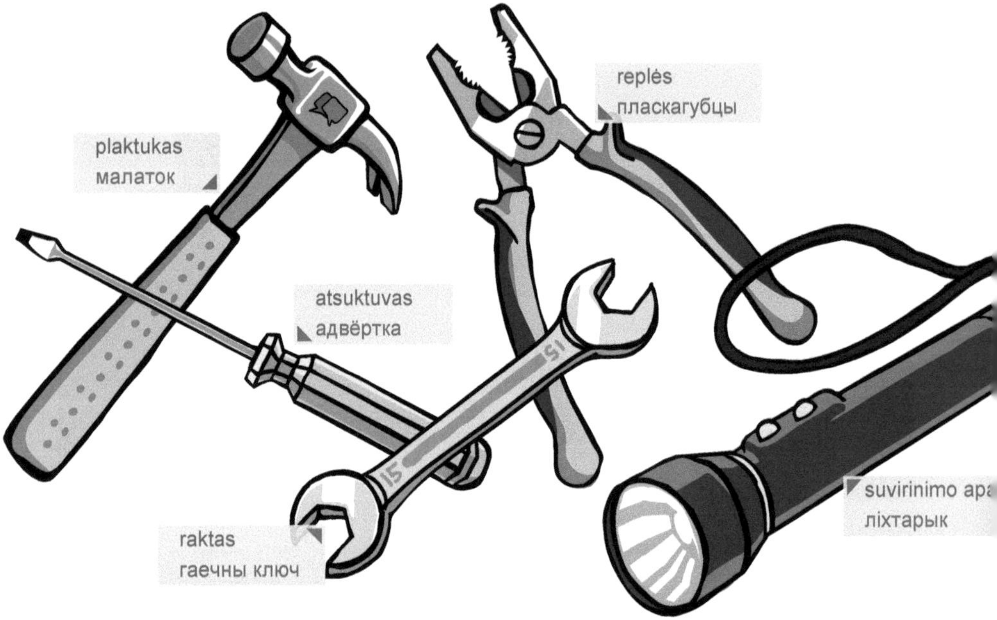

plaktukas
малаток
replės
пласкагубцы
atsuktuvas
адвёртка
raktas
гаечны ключ
suvirinimo apa
ліхтарык

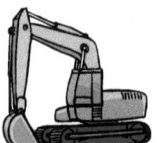

ekskavatorius

экскаватар

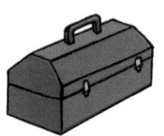

įrankių dėžė

скрыня для інструментаў

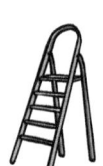

kopėčios

дравіны

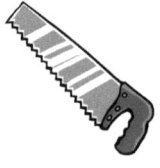

pjūklas

піла

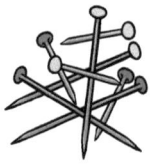

vinys

цвікі

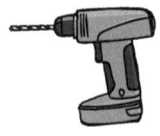

grąžtas

дрыль

taisyti

рамантаваць

kastuvas

рыдлеўка

Velniava!

Халера!

semtuvėlis

шуфлік для смецця

dažų skardinė

вядро з фарбаю

varžtai

балты

muzikos instrumentai
музычныя інструменты

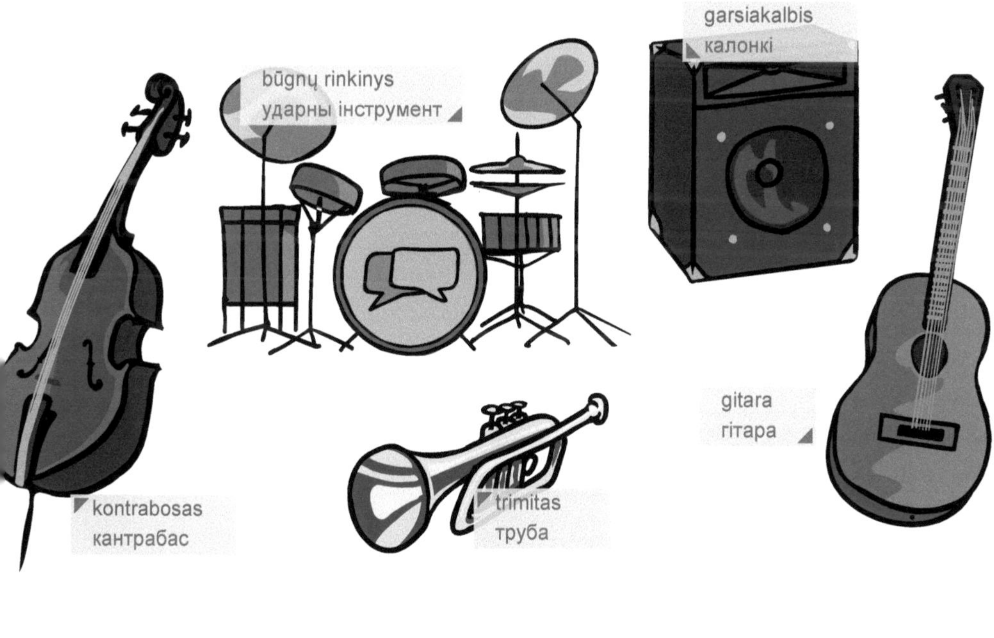

garsiakalbis
калонкі

būgnų rinkinys
ударны інструмент

gitara
гітара

kontrabosas
кантрабас

trimitas
труба

pianinas

піяніна

smuikas

скрыпка

bosinė gitara

басгітара

timpanas

літаўры

būgnai

барабан

sintezatorius

клавішны электрамузычны інструмент

saksofonas

саксафон

fleita

флейта

mikrofonas

мікрафон

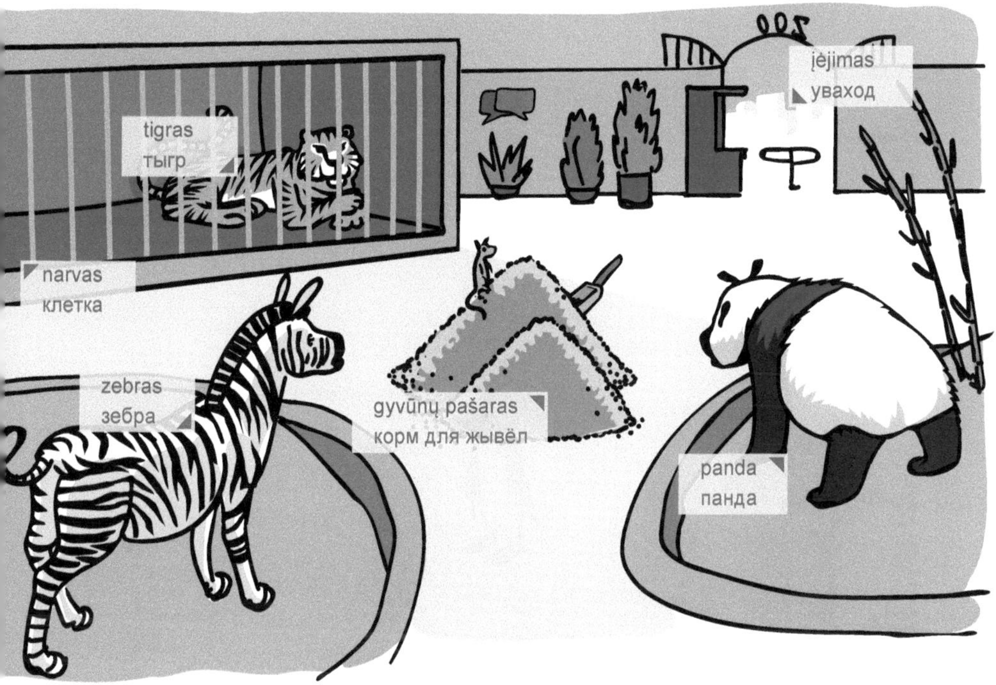

zoo

iėjimas
увaxoд

tigras
тыгр

narvas
клетка

zebras
зебра

gyvūnų pašaras
корм для жывёл

panda
панда

gyvūnai

жывёлы

dramblys

слон

kengūra

кенгуру

raganosis

насарог

gorila

гарыла

meška

мядзведзь

kupranugaris

вярблюд

strutis

стравус

liūtas

леў

beždžionė

малпа

flamingas

фламінга

papūga

папугай

baltoji meška

белы мядзведзь

pingvinas

пінгвін

ryklys

акула

povas

паўлін

gyvatė

змяя

krokodilas

кракадзіл

zoologijos sodo prižiūrėtojas

наглядчык заапарка

ruonis

цюлень

jaguaras

ягуар

ponis

поні

leopardas

леапард

begemotas

бегемот

žirafa

жыраф

erelis

арол

šernas

дзік

žuvis

рыбак

vėžlys

чарапаха

vėplys

морж

lapė

ліса

gazelė

газель

amerikietiškas futbolas
амерыканскі футбол

dviračių sportas
веласпорт

tenisas
тэніс

krepšinis
баскетбол

plaukimas
плаванне

boksas
бокс

ledo ritulys
хакей з шайбай

futbolas
футбол

badmintonas
бадмінтон

atletika
лёгкая атлетыка

rankinis
гандбол

slidinėjimas
горныя лыжы

polas
пола

užsiėmimai

дзейнасць

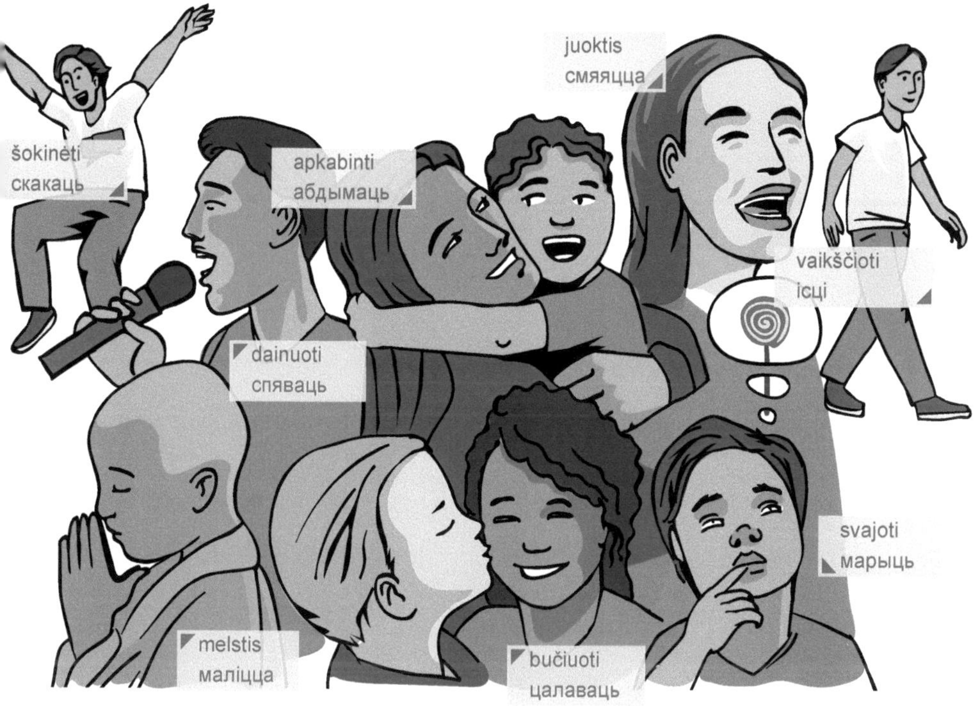
šokinėti
скакаць
apkabinti
абдымаць
juoktis
смяяцца
vaikščioti
ісці
dainuoti
спяваць
svajoti
марыць
melstis
маліцца
bučiuoti
цалаваць

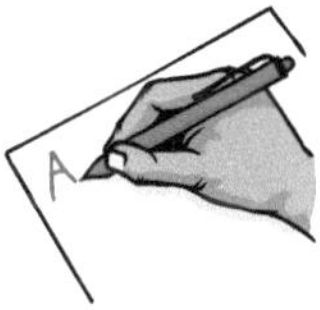

rašyti

пісаць

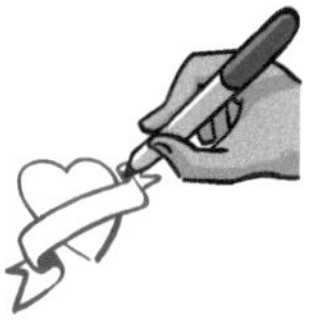

piešti

маляваць

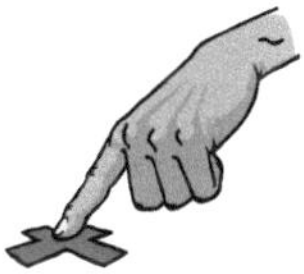

rodyti

паказваць

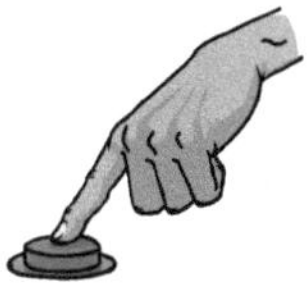

stumti

націснуць

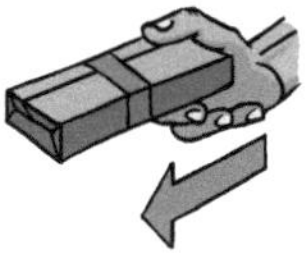

duoti

даваць

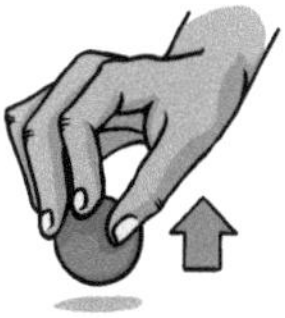

imti

браць

turėti

маць

daryti

выконваць

būti

быць

stovėti

стаяць

bėgti

бегчы

traukti

цягнуць

mesti

кідаць

kristi

падаць

meluoti

ляжаць

laukti

чакаць

nešti

насіць

sėdėti

сядзець

rengtis

апранацца

miegoti

спаць

pabusti

прачынацца

žiūrėti

глядзець

verkti

плакаць

glostyti

лашчыць

šukuoti

прычэсвацца

kalbėti

гаварыць

suprasti

разумець

paklausti

пытаць

klausytis

чуць

gerti

піць

valgyti

есці

tvarkytis

прыбіраць

mylėti

кахаць

gaminti

гатаваць

vairuoti

ехаць

skristi

лятаць

buriuoti

плаваць пад ветразем

skaičiuoti

лічыць

skaityti

чытаць

mokytis

вучыць

dirbti

працаваць

vesti

уступаць у шлюб

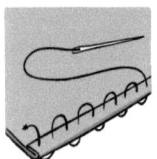

siūti

шыць

valytis dantis

чысціць зубы

žudyti

забіваць

rūkyti

курыць

siųsti

пасылаць

šeima

сям'я

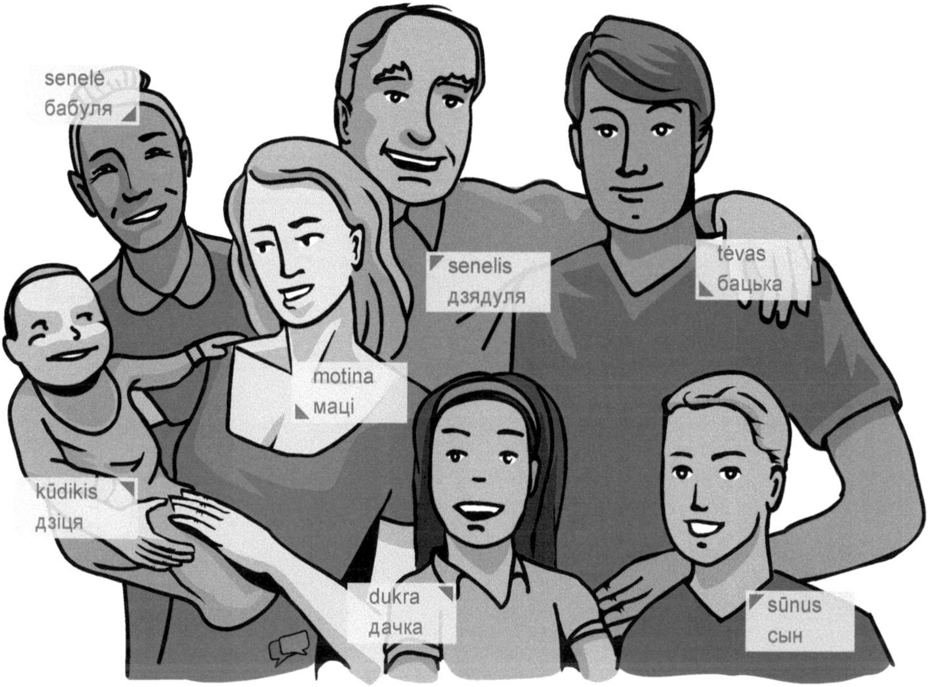

senelė
бабуля
senelis
дзядуля
tėvas
бацька
motina
маці
kūdikis
дзіця
dukra
дачка
sūnus
сын

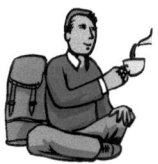

svečias
гось

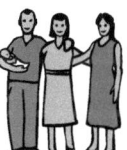

teta
цётка

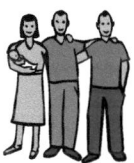

dėdė
дзядзька

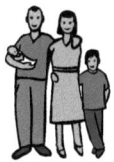

brolis
брат

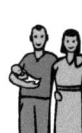

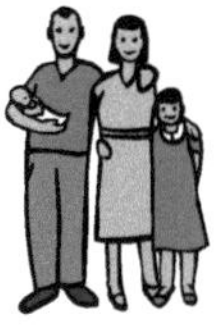

sesuo
сястра

kūnas

цела

kakta
лоб
akis
вока
petys
плячо
pirštas
палец
veidas
твар
smakras
падбародак
plaštaka
рука
koja
нага
krūtinė
грудзі
ranka
рука

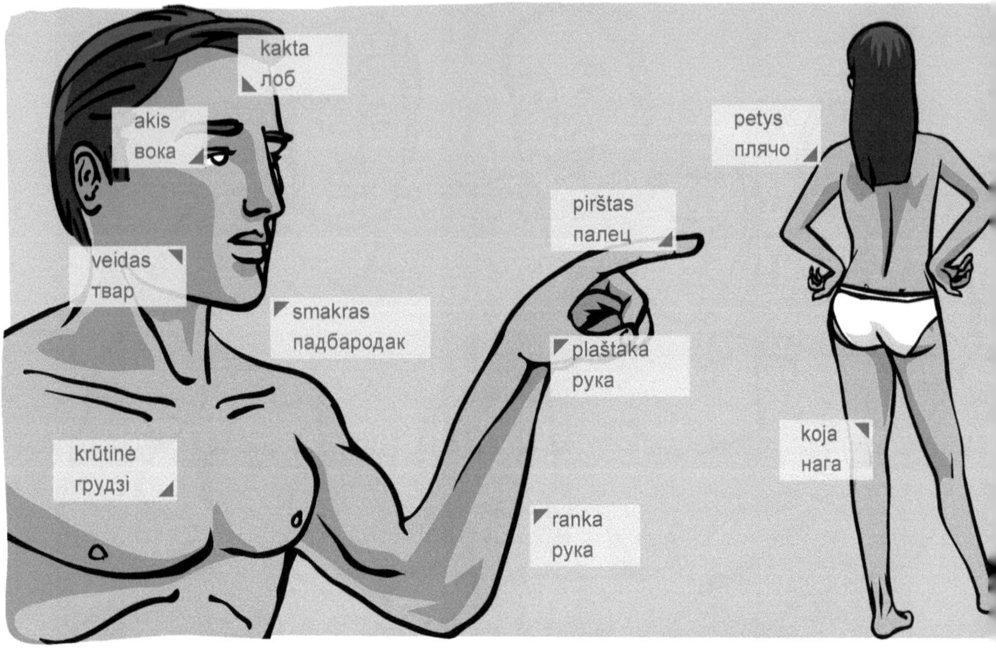

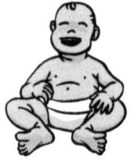

kūdikis

дзіця

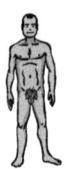

vyras

мужчына

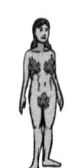

moteris

жанчына

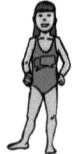

mergaitė

дзяўчынка

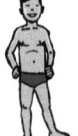

berniukas

хлопчык

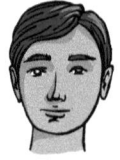

galva

галава

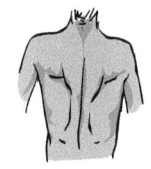

nugara

спіна

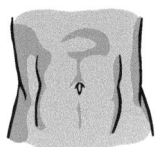

pilvas

жывот

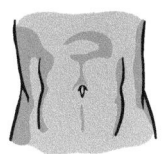

bamba

пуп

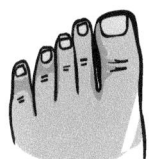

kojos pirštas

палец нагі

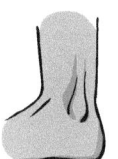

kulnas

пятка

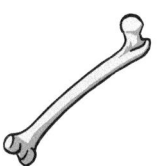

kaulas

костка

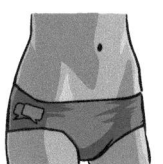

klubas

бядро

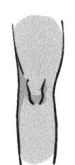

kelis

калена

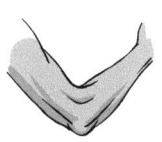

alkūnė

локаць

nosis

нос

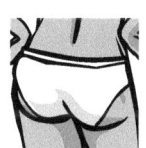

sėdmenys

ягадзіца

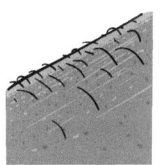

oda

скура

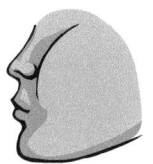

skruostas

шчака

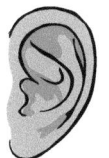

ausis

вуха

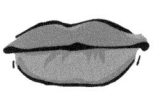

lūpa

губа

burna

рот

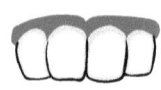

dantis

зуб

liežuvis

язык

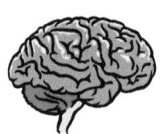

smegenys

галаўны мозг

širdis

сэрца

raumuo

мышца

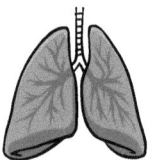

plaučiai

лёгкае

kepenys

пячонка

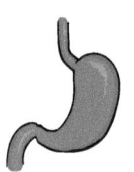

skrandis

страўнік

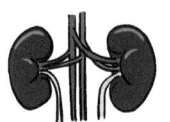

inkstai

ныркі

seksas

сэкс

prezervatyvas

прэзерватыў

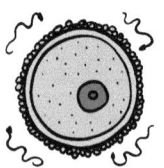

kiaušialąstė

яйцаклетка

sperma

сперма

nėštumas

цяжарнасць

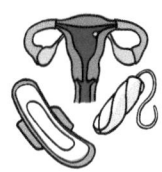

menstruacijos

менструацыя

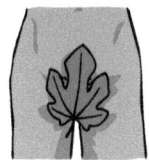

makštis

похва

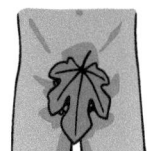

varpa

пеніс

antakis

брыво

plaukai

валасы

kaklas

шыя

ligoninė
шпіталь

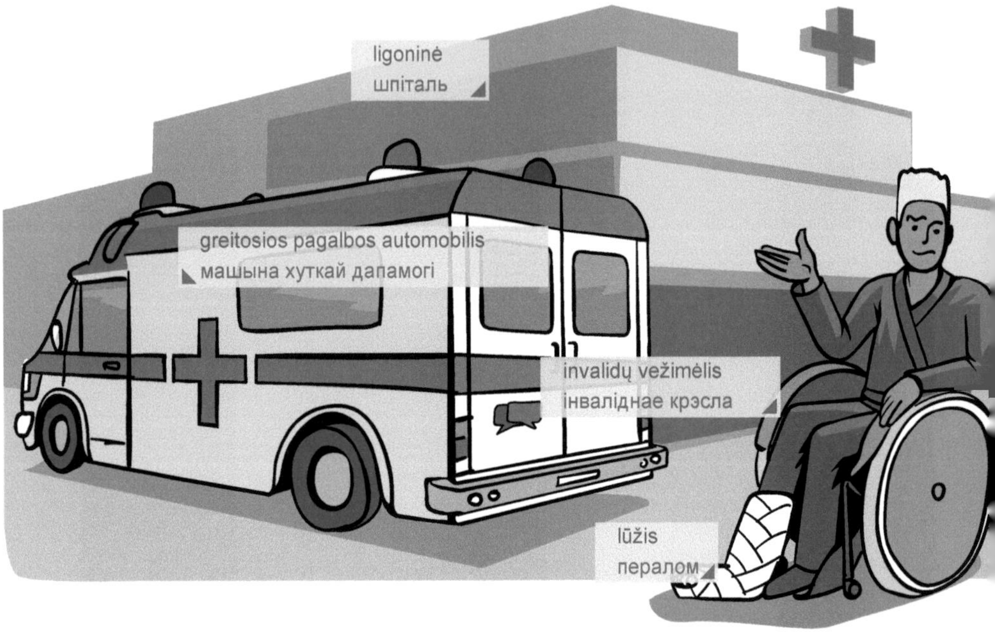

ligoninė
шпіталь
greitosios pagalbos automobilis
машына хуткай дапамогі
invalidų vežimėlis
інваліднае крэсла
lūžis
пералом

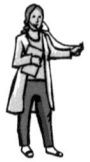

gydytojas

доктар

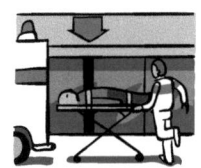

skubios pagalbos skyrius

аддзяленне першай дапамогі

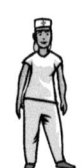

slaugytoja

медсястра

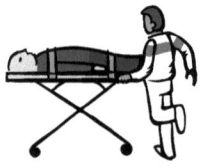

nelaimingas atsitikimas

экстраная дапамога

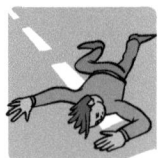

be sąmonės

непрытомны

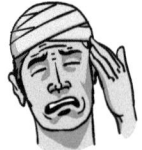

skausmas

боль

sužalojimas

траўма

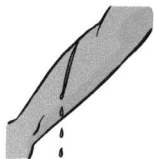

kraujavimas

крывацёк

širdies smūgis

інфаркт

insultas

апаплексія

alergija

алергія

kosulys

кашаль

karščiavimas

гарачка

gripas

грып

viduriavimas

панос

galvos skausmas

галаўны боль

vėžys

рак

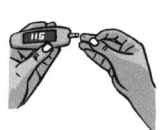

diabetas

дыябет

chirurgas

хірург

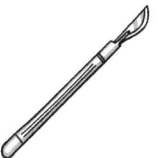

skalpelis

скальпель

operacija

аперацыя

KT

KT

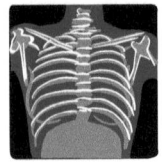

rentgenas

рэнтген

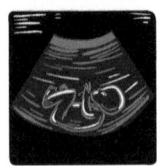

ultragarsas

ультрагук

veido kaukė

маска

liga

хвароба

laukiamasis

пачакальня

ramentas

мыліца

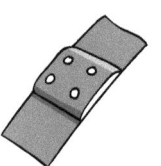

gipsas

пластыр

tvarstis

бінт

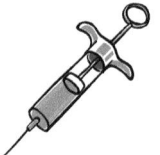

injekcija

ін'екцыя

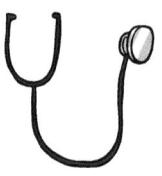

stetoskopas

стэтаскоп

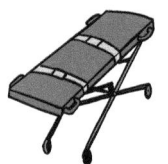

neštuvai

насілкі

termometras

градуснік

gimimas

нараджэнне

antsvoris

лішняя вага

klausos aparatas
слухавы апарат

dezinfekavimo priemonė
дэзінфекцыйны сродак

infekcija
інфекцыя

virusas
вірус

ŽIV / AIDS
ВІЧ/СНІД

vaistas
лекі

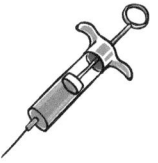

skiepijimas
прышчэпка

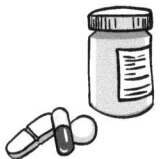

tabletės
таблеткі

piliulė
супрацьзачаткавая
таблетка

ubios pagalbos numeris
экстраны выклік

kraujospūdžio matuoklis
танометр

ligotas / sveikas
хворы / здаровы

Padėkite!

Ратуйце!

pavojaus signalas

сігналізацыя

užpuolimas

напад

ataka

атака

pavojus

небяспека

avarinis išėjimas

аварыйны выхад

Gaisras!

Пажар!

gesintuvas

вогнетушыцель

nelaimingas atsitikimas

аварыя

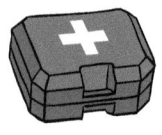

pirmosios pagalbos rinkinys

аптэчка

SOS

СОС

policija

паліцыя

Europa

Еўропа

Šiaurės Amerika

Паўночная Амерыка

Pietų Amerika

Паўднёвая Амерыка

Afrika

Афрыка

Azija

Азія

Australija

Аўстралія

Atlanto vandenynas

Атлантычны акіян

Ramusis vandenynas

Ціхі акіян

Indijos vandenynas

Індыйскі акіян

Pietų vandenynas

ўднёвы ледавіты акіян

Arkties vandenynas

Паўночны ледавіты акіян

Šiaurės ašigalis

Паўночны полюс

Pietų ašigalis

Паўднёвы полюс

Antarktida

Антарктыда

Žemė

Зямля

sausuma

краіна

jūra

мора

sala

востраў

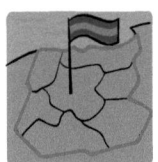

tauta

нацыя

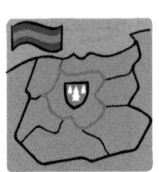

valstybė

дзяржава

ciferblatas

цыферблат

valandinė rodyklė

гадзінная стрэлка

minutinė rodyklė

хвілінная стрэлка

sekundinė rodyklė

секундная стрэлка

Kiek valandų?

Колькі часу?

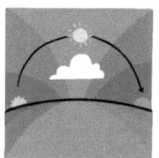

diena

дзень

laikas

час

dabar

зараз

skaitmeninis laikrodis

электронны гадзіннік

minutė

хвіліна

valanda

гадзіна

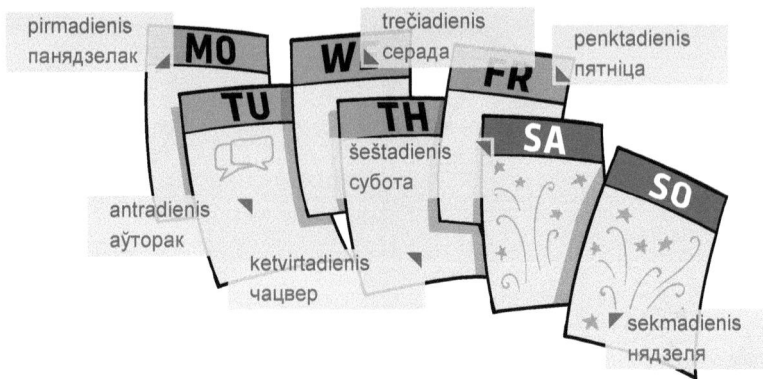

pirmadienis
панядзелак

trečiadienis
серада

penktadienis
пятніца

šeštadienis
субота

antradienis
аўторак

ketvirtadienis
чацвер

sekmadienis
нядзеля

vakar
ўчора

šiandien
сёння

rytoj
заўтра

rytas
раніца

vidurdienis
абед

vakaras
вечар

MO	TU	WE	TH	FR	SA	SU
1	2	3	4	5	6	7
8	9	10	11	12	13	14
15	16	17	18	19	20	21
22	23	24	25	26	27	28
29	30	31	1	2	3	4

darbo dienos
працоўныя дні

MO	TU	WE	TH	FR	SA	SU
1	2	3	4	5	6	7
8	9	10	11	12	13	14
15	16	17	18	19	20	21
22	23	24	25	26	27	28
29	30	31	1	2	3	4

savaitgalis
выхадныя

vaivorykštė
вясёлка

lietus
дождж

véjas
вецер

sniegas
снег

pavasaris
вясна

ruduo
восень

vasara
лета

žiema
зіма

4.APRIL	11°	☀
5.APRIL	4°	🌧
6.APRIL	13°	☁
7.APRIL	8°	❄
8.APRIL	10°	☀

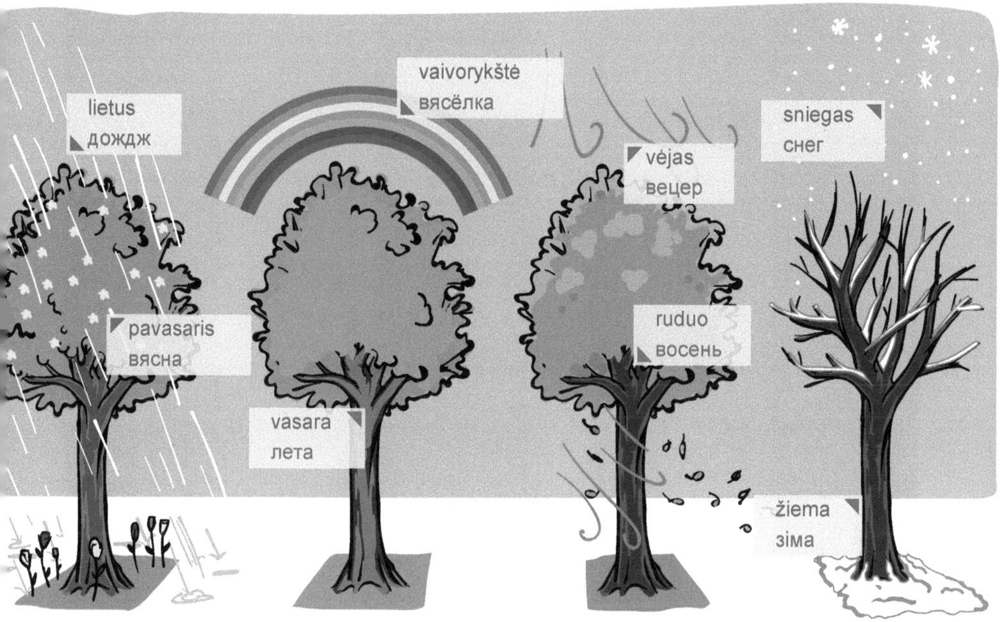

orų prognozė
....
прагноз надвор'я

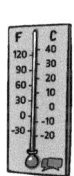

lauko termometras
....
градуснік

saulės šviesa
....
сонечнае святло

debesis
....
воблака

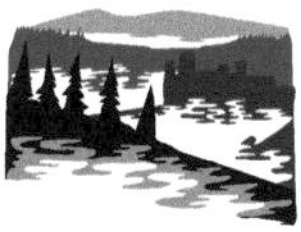

rūkas
....
туман

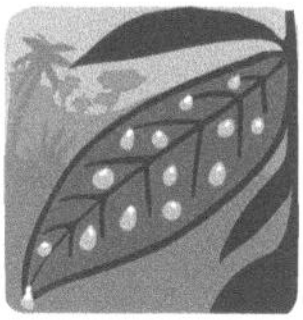

drėgmė
....
вільготнасць паветра

žaibas

маланка

griaustinis

гром

audra

бура

kruša

град

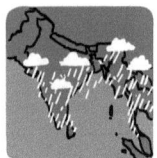

musonas

мусонны вецер

potvynis

прыліў

ledas

лёд

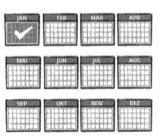

sausis

студзень

vasaris

люты

kovas

сакавік

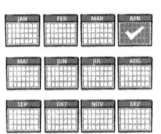

balandis

красавік

gegužė

май

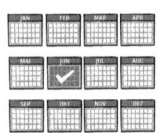

birželis

чэрвень

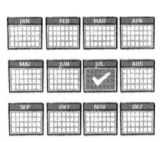

liepa

ліпень

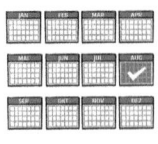

rugpjūtis

жнівень

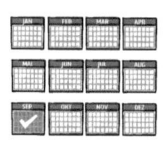

rugsėjis
....
верасень

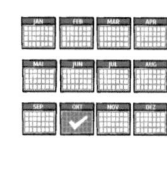

spalis
....
кастрычнік

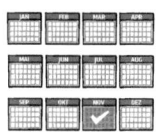

lapkritis
....
лістапад

gruodis
....
снежань

apskritimas
....
круг

kvadratas
....
квадрат

stačiakampis
....
прамавугольнік

trikampis
....
трохвугольнік

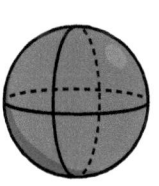

sfera
....
шар

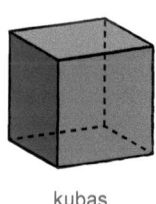

kubas
....
куб

balta

белы

geltona

жоўты

oranžinė

аранжавы

rožinė

ружовы

raudona

чырвоны

violetinė

фіялетавы

mėlyna

сіні

žalia

зялёны

ruda

карычневы

pilka

шэры

juoda

чорны

daug / mažai

шмат / мала

piktas / ramus

злы / добры

gražus / bjaurus

прыгожы / брыдкі

pradžia / pabaiga

пачатак / канец

didelis / mažas

высокі / малы

šviesus / tamsus

светлы / цёмны

brolis / sesuo

сястра / брат

švarus / purvinas

чысты / брудны

užbaigtas / neužbaigtas

поўны / няпоўны

diena / naktis

дзень / ноч

miręs / gyvas

мёртвы / жывы

platus / siauras

шырокі / вузкі

valgomas / nevalgomas

ядомы / неядомы

piktas / malonus

злы / добры

linksmas / nuobodus

узбуджаны / нудны

storas / plonas

тоўсты / тонкі

pirmiausia / paskiausia

першы / апошні

draugas / priešas

сябар / вораг

pilnas / tuščias

поўны / пусты

kietas / minkštas

цвёрды / мяккі

sunkus / lengvas

важкі / лёгкі

alkis / troškulys

голад / смага

ligotas / sveikas

хворы / здаровы

nelegalus / legalus

нелегальны / легальны

protingas / kvailas

разумны / дурны

kairė / dešinė

левы / правы

arti / toli

побач / далёка

naujas / naudotas

....

овы / былы ва ўжыванні

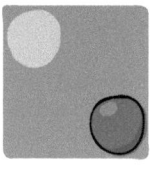

niekas / kažkas

....

нічога / нешта

senas / jaunas

....

стары / малады

įjungta / išjungta

....

укл / выкл

atidaryta / uždaryta

....

адчынены / зачынены

tylus / garsus

....

ціхі / гучны

turtingas / vargšas

....

багаты / бедны

teisus / neteisus

....

правільна / няправільна

šiurkštus / švelnus

....

шурпаты / гладкі

liūdnas / laimingas

....

сумны / шчаслівы

trumpas / ilgas

....

кароткі / доўгі

lėtas / greitas

....

павольны / хуткі

drėgnas / sausas

....

вільготны / сухі

šiltas / šaltas

....

цёплы / халаднаваты

karas / taika

....

вайна / мір

0

nulis

нуль

1

vienas

адзін

2

du

два

3

trys

тры

4

keturi

чатыры

5

penki

пяць

6

šeši

шэсць

7

septyni

сем

8

aštuoni

восем

9

devyni

дзевяць

10

dešimt

дзесяць

11

vienuolika

адзінаццаць

12

dvylika

дванаццаць

13

trylika

трынаццаць

14

keturiolika

чатырнаццаць

15

penkiolika

пятнаццаць

16

šešiolika

шаснаццаць

17

septyniolika

сямнаццаць

18

aštuoniolika

васямнаццаць

19

devyniolika

дзевятнаццаць

20

dvidešimt

дваццаць

100

šimtas

сто

1.000

tūkstantis

тысяча

1.000.000

milijonas

мільён

anglų

английская

amerikiečių anglų

англійская (Амерыка)

kinų (mandarinų)

кітайская мандарынская

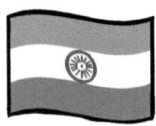

hindi

хіндзі

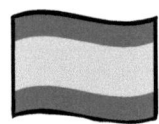

ispanų

іспанская

prancūzų

французская

arabų

арабская

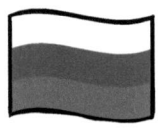

rusų

руская

portugalų

партугальская

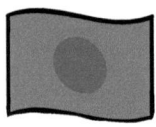

bengalų

бенгальская

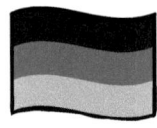

vokiečių

нямецкая

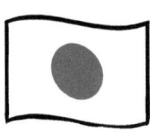

japonų

японская

aš

я

tu

ты

jis / ji

ён / яна / яно

mes

мы

jūs

вы

jie

яны

kas?

хто?

ką?

што?

kaip?

як?

kur?

дзе?

kada?

калі?

vardas

імя

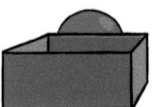

už
за

kur (vieta)
у

priešais
перад

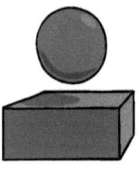

virš
над

ant
на

po
пад

prie
каля

tarp
паміж

vieta
месца